तबस्सुम दीदार ए हुस्न

शुभांग दीक्षित

pencil

ISBN 978-93-5667-818-7
© Shubhang Dixit 2023

Published in India 2023 by Pencil

A brand of
One Point Six Technologies Pvt. Ltd.
Unit no. 26, Ground Floor, Building A1,
Wadala Truck Terminal Road,
Near Post Office, Antop Hill, Mumbai - 400037
E connect@thepencilapp.com
W www.thepencilapp.com

Author biography

ये शायरीयाँ शब्द से ज्यादा एहसास ए इश्क पेश करने की कोशिश है, जो दिल से दिल तक की बात है वो कहने की कोशिश हैं, इश्क को बुनकार किताब में पिरोने की एक कोशिश है |

ये शायर के दिल की दास्तान को बयान करने की कोशिश है, जिसमें उनकी माशुका की खूबसूरती कई मिसालों से जोड़ कर माशुका की खूबी से लेकर उसकी हर झलक को लिखा है,

मेरा दावा है की इस किताब को पढ़ते हुए आप लोग भी इश्क के समुद्रर में डुबकी तो लगा ही लेंगें

इस किताब में शायरी ए इज़हार तीन हिस्सों में बंटा है|

शुभांग दीक्षित जो केवल अभी तक समाज सुधारक, वकील व समाज सुधारक संस्थाओं के संस्थापक के तौर पर जाने जाते है, वो इन शायरीओं के साथ एक नए अंदाज़ में दिखाते है|

CONTENTS

दिनों का सफ़र एक खास दिन के लिए

क्रमांक

पहला हिस्सा ए इज़हार

क्या पता है तुम्हें, तुम इतनी खास हो,

खुदा की इबादत का जैसे एक एहसास हो,

क्या पता है तुम्हें, इत्र सा महकता एक अंदाज़ हो,

दुनियां में संगीत के जैसी हो अगर तुम न हो तो ज़िन्दगी बे-साज़ हो जाए,

बिना रंग का लिबाज़ हो जाए, महफ़िलों से जैसे शमा निकल जाए बिना रोशनी के रात हो जाए, क्या तुम्हें पता है, तुम ईद के चाँद सा इंतज़ार हो तुम लबों पर बरसात की पहली बूंद सी कीमती हो तुम पारस का पत्थर हो, तुम कुबूल हुई दुआ हो, तुम तालाश हो मुकदर की, तुम आस हो मेरे हर मंज़िल की शायद अब तुम्हें पता होगा तुम इतनी खास क्यों हो!

आज कुछ ख़ास कहना है तुझे,

तेरे अंदाज़ सा होना है मुझे,

मैं तुझे सोच कर ही खो जाता हूँ

तेरे ज़िक्र से ही रौशन हो जाता हूँ

तेरी हँसी भी क़माल है उसे सुन के

मदहोश हो जाता हूँ, बेहोश सा हो जाता हूं

ख़ुद को खुद से कुछ वक्त के लिए खो कर

कभी कभी मैं भी तुम सा हो जाता हूँ

वो तेरा न कह कर भी सब कुछ कह देना

वो तेरा मन ही मन खुश हो लेना

वो रुठने के बाद कि तेरी

हसी बहुत ख़ास होती है!

ऐसा लगता है जैसे लम्बे सफ़र की कड़ी धूप में यात्री

को पेड़ की छांव होती है,

आज कुछ ख़ास कहना है तुझे,

तेरे अंदाज़ सा होना है मुझे!

मैं तुम्हें शब्दों में पिरोहाना चाहता हूँ,

जैसे तुम कविता हो किसी कवि की,

तुम ख़ुद तराशें हुए मोतियों सी,

जिन मोतियों को ख़ास चुना गया हो

किसी मकसद के लिए किसी अरशद ए मुक़द्दर

के लिये, इक़बाल में हर राज़ आज करता हूं,

मैं सिर्फ तुझसे नहीं तेरी रूह से भी मुलाकात करता हूँ,

उससे भी गुफ्तगू में कई बार करता हूँ,

उससे भी ज़िक्र भी कई बार होता है,
कुछ मौजूदे जज़्बात का होता है,
वो भी मासूम सी खूबसूरत
बड़ी पाक सी, बेबाक़ भी है,

करती है, वो भी बड़ी चटपटी सी बाते तेरी जैसे ही साफ़
सी है,
ऐसा लगता है मिल कर जैसे खुदा के घर की शान सी है ।

तेरी रूह से रूबरू रोज़ होना चाहता हूँ,

फिर तुझे बिना कहे सब कुछ कहना चाहता है,

तेरे अल्फ़ाज़ कुछ जादू की तरह होते है,

कब दिल के घर में बसेरा बना ले,

अपने शब्दों से ये कमाल भी कुछ कलमा पढ़ने सा है

जो सिर्फ तुम ही कर सकती हो, जैसे कि तुम कोई जादूगर हो,

मैं हर तेरे कमाल को दूर से देख किसी दर्शक की तरह चाहता हूँ,

कि ये सिलसिला हर रोज़ घण्टों - घण्टों चलता रहे,

बस रोकों न इसे तुम ये चलने दो,

लम्बा बिना वक्त का हिसाब लागए घड़ी की सुई को परे रख कर

यूँही इस राह पर चल दिया जाए,

बग़ैर किसी रोक टोक एक जादूगर की जादूगरी हो जाए,

और क्यों ना आयत से इनायत हो जाए, क्यों ना फिर इबादत हो जाए।

आज तुम्हें मैं एक सफर पर ले चलता हूँ,

हमारी मुलाकात को पन्ने में लिख यादें में संजोता हूँ,

तेरे - मेरे मिलने के हर लम्हें को कुछ खास शब्द की माला

में बुनकर अपनी बात कहता हूँ,

तेरे घर की गली में आते ही, बात कुछ अलग हो जाती है,

मुझमें नई चमक सी आ जाती है, ऐसा लगता है,

कि जैसे सालों से चलते मुसाफ़िर को अब मंज़िल मिलने वाली

है,

मेरे ज़र्रा - ज़र्रा को उसको देखने की तड़प मिटाने वाली है,

फिर एक झलक मिलती है तेरी,

उस वक़्त ऐसा लगता जैसे सब रुक गया हो,

ऐसा लगता यही बस एक चाह रह गई थी,

तुम्हारा कुछ वक़्त ठहर कर आना वो मुस्कान के साथ कह

जाना,

बहुत खास था, वो गुलाबी रंग जो तुमने

पहना था, उसकी बात भी बड़ी ख़ूब थी,

गुलाबी रंग कुछ ऐसा लग रहा था

जैसे नई सुबह ने दस्तक़ दी हो,

एक नए रंग के साथ एक बेहतरीन सुबह,

जिसमें खुद सूरज चहक रहा हो,

अपनी चमक से अनवर रहा हो,

आसमान को अलग - अलग रंगों से वो रंगीन कर करतब

बिखेर रहा हो।

आज उसकी आवाज़ के बारे में एक बात बताता हूँ,

उसकी चहक की खनक से मिलवाता हूँ,

जब वो बोलती तो ऐसा लगता है,

लब्ज़ों का एक दरिया बह रहा हो,

उसका लहज़ा भी इतना खूब है,

जैसे सुबह में घुलती हुई सी रोशनी जी करता,

उसकी आवाज़ को भी चुम लू, वक़्त भी मुख़्तसर हो जाता है

जब वो जाने की बात कर देती है,

फिर कई बहानों से उसे रोकना पड़ता है,

कभी उसे टोकना भी पड़ता है,

उसे कैसे कहे की उसे टोकते इसलिए नहीं की चुप हो जाती है,

उसे टोकते तो इस वजह से है, ताकि उसे सुना जा सके,

उसके अल्फ़ाज़ ऐसे होते हैं, दीपक की लौ शोला हो जाए,

जैसे संगीत में तान छिड़ जाए और इसके बीच वो हस दे,

तो न जाने कितने शमा पिघल जाए।

सुबह भी रूहानी हो जाती है,

तेरे बस होने के अहसास से वो आँख खुलते साथ ही,

तेरे पैग़ाम(मैसेज) से दिन का शुरू होना,

 इनायत सा होता है, जैसे किकुरान की आयात सा होता है,

उनके पैग़ाम ए दीदार का इन्तज़ार भी अब बड़ा लाज़मी होता है,

वो सिर्फ अल्फाज़ों का एक जोड़ा नहीं वो तो हमारी दिल में धधकता,

पैग़ाम ए ख्वाहिशों का इमाम होता है, सोचता हूँ,

पैग़ाम में ही हाथ बढा कर छू लू तुम्हें,

सुना है, फासला शिद्दत-ए-एहसास से भी कम होता है!

कुबूल आज एक सच करता हूँ,

तुमसे बे-इन्तिहा इश्क करता हूँ,

मोहब्बत हुई भी बड़े खूब शख़्स से है,

खूबियां भी इतनी जैसे ख़ुद में समेंटे बैठे हो संसार सारा,

जब से रूबरू हुए है,

हम तुमसे तब सेऐसा लगता है,

मोहब्बत नहीं,खुदा की इबादत कर रहे हो,

तुमसे मुलाकात भी हुई तो ऐसे हुई जैसे कायनात की चाहत हो,

सफ़र भी वक़्त के पार जाके किया है,

तुम्हारे साथ कई मंज़िलों का मैंने,

जैसे मैंने एक नया आसमान देखा है,

 जैसेकि एक नया जहान देखा है

मेरे अंदर मैंने नए हर्फ़ की उड़ान को देखा है,

जो उफ़ान पर हो, तुमसे बहुत कुछ कहने को परवान पर हो,

तसव्वुर में पता नहीं क्या नहींकहा होगा तुम्हे,

किस्सों का सिलसिला हर रोज़ बुना होगा मैंने,

किस्सा लिखा होगा इब्तिदा मेरी आरज़ू ए इश्क़ कातुझसे,

तभी तो यूँ तुझसे मुलाकात मेरी ऐसे होई होगी ।

तुमसे मिलके कुछ ख़ास हुआ,

मेरे शब्दों को मक़सद मिला है,

मिला है मौक़ा उन्हें भी तुमसे मिलकर,

की वो तेरी सोहबत मे कुर्बान होंके वो भी यूँ अमर हो जाए,

तुझ पर कही खूबसूरत सीएक नज़्म हो जाए,

मोहब्बत ए इज़हार का ज़रिया हो जाए,

उन मासूमों को एक जुबा मिल जाए,

बड़े बेक़ाबू से हो जाते तुझे देख कर,

बेवक़ूफ चुप होना ही नहीं जानते,

वैसे बड़ी मेहनत करनी पड़ती इन्हें

दुनियां से अपनी बात कहने में,

बड़े हिचकते है जो अलफाज़,

पर तुझसेबात करते ही ख़ामोशी नही पहचानते,

शर्म हया के परदें भी भूल जाते है,

लबों को सेज बना कर ये सब कुछ कह जाते है,

अफ़साना के नए सिलसिले बुन जाते है,

कई फ़सानो को खोल जाते है तुझसे ये शब्द कुछ भी बोल जाते है,

वो निंद को उसकी कीमत मिल गई,

वो उन शब्द को उनकी अहमियत मिल गई,

ऐसा लगता है, जैसे उन्हें भी नई ज़िन्दगी मिल गई।

वो उन शब्द को उनकी अहमियत मिल गई,

ऐसा लगता है, जैसे उन्हें भी नई ज़िन्दगी मिल गई।

अच्छा अब क्या कहूँ उसकी तारीफ में,

खुबिया इतनी है, खुदा भी सोचता होगा की क्या मैंने बनाया है,

उसे इतना कम ख़ामियोंका शख़्स क्या मेरी ही रचना है,

क्या ये सच है, खुदा किसी को इतना बेहतरीन भी बना सकता

है,

बिना कमियां क्या इतना हसीन बना सकता है,

यूँ तो ज़माना भरा हुआ है, हसीनों से पर क्या इतना भी नाज़नीं

किसी को खुदा बना सकता है,बेतहाशा तराशा है,

उसे क्या इतनी भी बरक़त वो ज़मीन पर दिखा सकता है,

डर तो उसे भी लगा होगा,तुम्हें यूँ ज़माने में उतार कर,

कि कही ये ग़लत हाथों में न पड़ जाए,

कहीं ज़माना इसे भी न निगल जाए कितनी नायाब हो,

तुम तुम्हें अंदाज़ा भी नहीं है तेरा होना मंदिरों में भगवान और

मस्जिदों में ख़ुदाके मिलने जितना ज़रूरी सा है, उनके

बिना सोच की कितनी खडंहर होगीं वो जगह भी, कुछ यही मेरी

भी दुनियां का होगा,

अगर तेरे बिना दिन और मेरी रातों का होना होगा,

मस्जिद हो गया तू इतना मेरे जहां मेंजैसे शाम होती है मेहताब

के इन्तज़ार में

आज मैं उनके अंदाज़ से मिलवाता हूँ,

उनके के बारें में कुछ ख़ास बताता हूँ,

जब वो हस दे, तो सितारें भी दिखानेको बेताब हो जाते हैं,

कहते के वो भी मजबूर होते है कि कौन है,

जो हमसेभी खूब लग रहा है उसके मुस्कुराने से,

क्यों चाँद भी शर्मा सा गया है,

अदाएँ तो देखो इस शख़्स की आसमां भी कुछ लग रहा है,

घबराता हुआ सा, बाते जो सुनलों तो ऐसी की पारीयों के जहां में

भी हलचल मच जाए,

खूबसूरत वो इतनी की गुलिस्तान के गुल भी गुलशन होने से

हिचकिचाऐं

बदमाश भी वो इतनी की, आफ़त भी डर जाए,

वो भी कहे कि कहीं ये मेरे साथ भी बदमाशी तोनहीं कर जाए,

मोहब्बत भी उसके अंदर इतनी है,ज़माने की भी नफ़रत कम

पड़ जाए,

बेमिसाल वो इतनी की मिसाल भी कम पड़ जाए उसे बयां

करने में लेकिन फिर भी बया न कर पाए,

आज एक तोफा में अपनी चाँद को भेजता हूँ,

उसे तोहफ़े में चाँद भेजता हूँ,

मानता हूँ मुकाबला नहीं है,

तुम्हारा कुछ खास इससे भी, तू ख़ुद बरक़त है,

तुम किसी पीर फ़कीर की पूरी की हुई दुआ हो,

तबस्सुम ए झलक तेरी मिल जाए,

तो शबनम भी अपनी नमी छोड़ दे,

बड़ी मुद्दत से मिली हुई मुझे कोई इबादत हो,

शिद्दत ए इश्क़ तुम मेरी चाहत हो फिर ये क्या मात देगा तुम्हें

मेहताब भी,

तुम खुद ही शदाब सी,नायाब भी शब ए ईद को भी तेरा

इन्तज़ार रहता है,

तुम खुद ही रोज़ा पाक़ सी, एहतराम तुम्हारा खुद फरिश्ते भी

करते है,

तुम कुछ खुदा के पैग़ाम सी, तुम देवताओं की अमर होने के

लिए अमृत की प्याससी,

तुम आफ़ताब हो अंधेरे को पार करती हुई आज कुछ खास भेज

रहा हूँ क्योंकि अपने को चाँद भेजा रहा हूँ।

उनसे मुलाकात का किस्सा क्या बताएं,

अब क्या मुलाकात के वक़्फ़ को समझाएं,

हर्फ़ ए बयां की हर हदों को पार कर चुका था,

उनका सुरूर हम पर, उनसे देख कर हुआ

शब्द में कैसे बताया जाए, रंगों से भर गई,

ज़िंदगी जब वो मिले हमें, रेहमत हम पर भी हो गई,

हम तो हर रोज़ की तरह उस रोज़ भी मशरूफ थे खुद में,

हमें क्या पता है, वो दिन अलग होगा, जब उनका दीदार होगा,

वो पीले रंग का लहंगा आज भी याद है हमें,

उनका वो मुसकान के साथ हमें मिलना और मिलकर कुछ

कहना तरन्नुम की तान सा छेड जाता है, जब हमें वो याद

आता है,उस पल को आज तक क़ैद कर के रखा खुद में उन्हें

जैसे संजो के रखा है,

खुद में मन के धागों में, लिखा हो जैसे मन की किताबों में,

वो क़िताब भी कुछ ऐसी जो हर पन्ने पर तुम्हारा ही ज़िक्र

करती हो,

बदमाश हो बेतहाशा तुम,

मेरा नसीब है तुम मिली मुझे,

गंगा सी निर्मल तू, हिमालय की शान सी हो,

नर्मदा नदी का पानी तुमजीवन की रेखा का सार हो उस नदीं
कि पवित्रता भी

इतनी की कण -कण जो उसमें मिलेवो शंकर सा पूजा जाए,

बात करना भी राग हैजैसे बरसों बाद मिले प्रेम की आग है,

जो बुझी हो तेरेआने से, तुझे देख तेरे तबस्सुम से,

कहते है हीरा गहराई में मिलता है, कठिनाईयों से मिलता है,

पहले ख़ुदाई में तो कंकड़ से रूबरू होता है शख़्स मुझे भी मिली
तुम मुश्किलों से टकराकर,शुरुवाती पत्थर को पार कर गहराई
में मुद्दतें के वक्फा के बाद जाकर मिली हो, जैसे कई कोहिनूर
की झड़ी हो|

मिलो हो तुम मुझे,ये यक़ीन नहीं होता है,

किस्मत को ज़्यादा तवज्जो नहीं दिया करता था,

पर ख़ुदा से अपनी किस्मत में तेरा साथ ज़िंदगी भर के लिए
रोज़ माँगता हूँ,

लोगों की ईद और दिवाली,रौशनी से रौशन होती है,

मैं तो बस तेरा साथ मागता हूँ,

किस्से भी मोहोब्बत के बहुत सुने थे मैंने,

मैं तो बस उन्हें तेरे साथ पूरा करना चाहता हूँ,

खूबी हो या किसी की खूबसूरती की बात में बस तेरा ही नाम
जानता हूँ,

महफ़िल में कहीं भी जाऊं कमी तेरी ही खलती है, सोचता हूँ,

क्या वो महफ़िल होगी वो तेरे बिना चमकने का सोचती है,

मेरी हर शान ए महफ़िल तुमसे है मेरी ज़िंदगी में हर शमा की
रौशनी तुझसे दमकती हैक्या ज़िक्र करु अब तेरे होने का, तुमसे
ही मेरे हर तबस्सुम की वज़ह होती है।

तुमसे मोहब्बत क्या हुई,

हम तो तकलीफो का पैमाना ही भूल गए उनका ठिकाना भूल
गए,

वो रास्ते ही बदल गए तो जो ग़म की दहलीज़ तक लेकर जाते
थे,

अब तो तेरा होना है, तेरी हर ख़ुशी के लिए खुशियों का बाघ
पिरोना है,

जिससे तेरे लबों पर मुस्कान भी अमर हो जाए,

तेरी हँसी में खुद को अब पल-पल खोना है,

तेरे चेहरे पर मुकुराहटों का सिलसिला बरकरार रखने को कोई
भी क़ीमत अदा करने को तैयार हूँ मैं, बड़ी मोइन लगती है,

तेरी अदा भी मुझे, तेरे होठो से निकलती बातें,

मुझसे घण्टों तक चलती रहे बिना किसी वक्त की सुईयों को
मिलाएं,

आजा एक बार टूट कर मोहब्बत करले एक दूसरे से, हिसाबों के
परे,

किसी तय कि गई किताब के नियमों के परे क्यों न एक दुसरे
को ख़ुद का आयना समझ कर जिया जाए,

हो जाए फिर टूट कर मोहब्बत, क्यों खुद को अब रुका जाए
क्यों फिर अब टोका जाए, आ प्यार करले एक दूसरे, कुछ
सीमाँओं को अब तोड़ा जाए।

उसकी आवाज़ मुझे एक नई दुनियां से मिलवाती है,

उसका हूँ कहना भी बड़ा गज़ब होता है,

किसी काम के बीच भी याद आ जाए तो हँसी के बुलबुले छोड़
देता है,

मेरे लबों को वो एक लंबी मुस्कान दे देता है,

वैसे अब उसका हर शब्द ये भी बता देता है,

उसका दिल क्या कह रहा है, क्या वो खुश है,

या किसी दिक्कत को सह रहा है,

पर हम उसे हँसाने का हुनर भी जानते है,

उसके होठो पर मुकुराहट की चमक लाना जानते है,

उसके गालों का डिंपल आ जाता है,

चेहरे पर जब वो हँसती है, लगता है जैसे,

वो चौथ का चांद हो उसके आने का सबको इन्तज़ार हो,

जैसे उसे देख कर ही सबकी मन्नतें पूरी हो जाए,

गुलाब भी तो अपनी महक़ से सबका मन मोह लेता है कुछ
वैसा ही है,

उसका क़िरदार भी, उसका अंदाज़ भी हालांकि हमारी दोनों की
बात एक और भी ख़ास है, उसे मेरी नस-नस की ख़बर है,

तो मुझे उसके रग-रग का पता फिर क्यों लगाने में लगे है हम

हिसाब बे-वजह अब जी ले इस इश्क़ को हम बेपनाह, और हमें हो सिर्फ एक दूसरे की रूह का पता, न हो रूकवाट इस मोहब्बत में, बस तेरा मेरा इश्क़ हो बेइंतहा।

बात बड़ी गज़ब है, जैसे अनजानी नई कोई बात है,

पर समझाइश से सब हालात है,

रिश्ता बड़ा खास है हमारा,

मोहब्बत के अहसास से भरा हुआ,

जैसे इश्क़ के साज़ में नचाता हुआ,

मानलो की जैसे प्यार को प्याले में भर कर पी लिया हो,

हर लम्हें को हमनें एक साथ खुद में गढ़ लिया हो

फिर क्यों उस इश्क़ की नाक में नकेल कसना,

क्यों उसे थामना, यूँ तो सवालों से भरा ही होता जहां भी,

फिर क्यों नए पिरोना, जी लेते है,इस इश्क़ ए इबादत को,

इस ज़िन्दगी में एक साथ,आ बांट ले हर ग़म को साथ-

साथ,खुशियों की शिरक़त भी होगी रोज़ जैसे जश्न हो ज़िन्दगी,

सोहबत से रंग भर देंगें हम ज़िन्दगी में जैसे कुछ इश्क़ और

कुछ खुदा की इबादत सी होगी ज़िन्दगी।

जब बात आये तेरे लिए कुछ लिखने की तो कलम थमती ही
नहीं,

 खुद ही खुद चल पडती है, लिख़ावट के ऐसे सफर पर,

जहां पर बात सिर्फ तेरी होगी,तेरे हसीन किस्सों की होगी,

 तुझसे जुड़े कुछ हिस्सों की होगी,

तेरी की हुई कुछ शैतानियों पर भी बात होगी,

ज़िक्र भी अधूरा होगा कलम से तेरा,

अगर वो तेरी मुस्कान की बात न करे,

तेरे चेहरे की हँसी से मुलाकात न करे,

वो तेरी भूरी आँखों से शुरुआत हो,

फिर बात तेरी वो उलझी सी ज़ुल्फों पर भी जाए,

जिसका ज़िक्र भी कई रेश्मी बालों की चमक फीकी कर देता है,

तेरी उन्हीं ज़ुल्फों में कुछ मैं उलझा सा हूँ,

मेरी उलझनों का किस्सा तो अब ये मेरी कलम भी जानती है,

उसे कहे गए सारे अलफ़ाज़ पहचानती है,

क्योंकि अब कलम भी मेरे सारे ज़ज़्बात जानती है,

मेरे सारे राज़ जानती है, तेरे होने कीमत जानती,

 तेरी ऐमियात पहचानती है,

मेरी कमल भी तुझसे जुड़ा मेरा हर कलमा पढ़ना जानती है,

जब बात आये तेरे लिए कुछ लिखने की, तो कलम थमती ही नहीं!

तुम्हारे साथ वक़्त का पता ही नहीं चलता है,

सुई वो कुछ इस तरह भागती है,

जैसे सुईयों ने रफ़्तार पकड़ ली हो,

उन्होंने भी एक दूसरे के साथ दौड में उतारने का फैसला लिया हो,

काश सुईयों को थमा जा सके,

उसे रोका जा सके जिस वक़्त को हम एक दूसरे के साथ बिता रहे हो,

जिस पलों में हम कई पल जी रहे हो,

काश उस वक़्त का चलना धीमा हो जाए,

घड़ी के परे भी कुछ बात हो जाए, कैसे रुकूँ उसे मैं जाने से ,

एक वक़्त जो तय है उसके कॉल पर से जाने का,

कैसे उस वक़्त को तराजू की तौल से परे कर दिया जाए,

क्यों न उसे भी हिसाबों से,

बेहिसाबी की तरफ मोह दिया जाए,

क्यों न ये वक़्त रोक दिया जाए।

आज उसकी बात याद आ गई,

लबों में जैसे जान आ गई,

उन पर भी जैसे मुस्कान छा गई ,

वो मुस्कान भी ऐसी जो थम नहीं रही थी,

लगा कि जैसे वो सामने खड़ी हो कर कुछ रही थी,

अपनी खनकती हुई कुहूकती सी आवाज़ में,

वो आवाज़ भी जो कुछ इस तरह की हो,

जैसे चिड़िया का सुबह चहचहाना,

पपीहे का पीहू - पीहू कहना,कोयल की आवाज़ में कोई मिठास

का रहना,

और मेरा - तेरी आवाज़ से बहकना, आज सब याद आ गया

तेरी हर बात से मिला गया, तेरा मेरे अंदर होने का एक एहसास

करा गया,

 जैसे तेरी मेरी मुलाकात रोज़ होती हो ,

क्योकि अब आधी तू भी मेरी अदंर ही बसती है,

जो भी मिले मुझसे उसे तू भी मिलती है,

 दिखती तू ही है, शीश के अक्स में भी,

अगर ज़्यादा देर खुद को देखलू तो खुद में,

तुझे ही ढूंढ़ लेता हूँ क्योंकि में खुद में भी अब तुझे देखता हूँ,

ख़ुद में तेरे ही हिस्से देखता हूँ, बात उसकी सोचकर मैं भी
चहकता हूँ,
आज उसकी बात याद आ गई,लबों में जैसे जान गई।

मेरी ज़िन्दगी में तुम बेशकीमती किताबो सी,

जब भी उसके पन्नों पलटता हूँ,

उसमें मैं हमारे खूबसूरत सफर की एक कहानी पाता हूँ,

जिसकी क़ीमत कोहीनूर के नूर के भी ज़्यादा हो,

जिसकी क़ीमत का न कोई अंदाज़ा लगा सके,

ना कोई उसकी कीमत अदा कर सके ख्वाबों में भी,

ऐसी कोई दौलत बनी ही नहीं जो इसे खरीद सके,

उन पन्नों में हर दिन बड़ा ख़ास होता जा रहा है,

जैसे - जैसे लम्हा - लम्हा तुम्हारे साथ जुड़ता जा रहा है,

उस कहानियों को नए मईने वो दे रहा है,

नए क़ीमती ज़ज़्बात वो दे रहा है,

शब्दों को एक नया अहसास वो दे रहा है,

पल - पल बहुत ऐमियात रखता है,

मेरे लिए जो ये तुम्हारे साथ गुज़रता है,

मुझे लगता की ये सफर बिना रुके चलता रहे,

ये कभी न ख़त्म होने वही किताब,

हमारे इश्क़ की यूँही चलती रहे,

हमारे इस दुनियां को छोड़ने से रुख़सत होने के बाद भी,

जाने के बाद भी, और बने गवाह आने वाली पीढ़ियों की है

एक मोहब्बत हमने भी,

जिसकी गवाही ये मोहब्बत के इश्क़ के पन्नों देंगे,
 जो भरे होंगे तेरी और मेरी कहानी से,
तुम्हारे ज़िक्र जो होगा मेरी ज़ुबानी में ,

मेरी ज़िन्दगी में तुम बेशकीमती किताबों सी जब भी उसके
पन्नों को पलटता हूँ, उसमें मैं हमारे खूबसूरत सफर की एक
कहानी पता हूँ,

जिसकी क़ीमत कोहिनूर के नूर से भी ज़्यादा हो,

जिसकी क़ीमत का न कोई अंदाज़ा लगा सके,

ना कोई उसकी कीमत अदा कर सके ख्वाबों में भी,

ऐसी कोई दौलत बनी ही नहीं जो इसे ख़रीद सके उन पन्नों में
हर दिन बड़ा ख़ास होता जा रहा है,जैसे - जैसे लम्हा - लम्हा
तुम्हारे साथ जुड़ताजा रहा है,

उस कहानियों को नए मायने वो दे रहा है,

नए क़ीमती ज़ज़्बात वो दे रहा है,

शब्दों को एक नया अहसास वो दे रहा है,

पल - पल बहुत ऐमियात रखता है,

मेरे लिए जो ये तुम्हारे साथ गुज़रता है,

मुझे लगता है कि ये सफर बिना रुके चलता रहे,

ये कभी न ख़त्म होने वाली किताब

हमारे इश्क़ की यूँही चलती रहे,

हमारे इस दुनियां से रुख़सत होने के बाद भी,

जाने के बाद भी, और बने गवाह आने वाली पीढ़ियों की भी,

एक मोहब्बत भी की थी किसी ने ,

जिसकी गवाही ये मोहब्बत ए इश्क़ में भिंगों कर लिखें ये पन्नों देंगे जो भरे होंगे तुम्हारी और मेरी कहानी से, तुम्हारे ज़िक्र से जो होगा मेरी ज़ुबानी में

मेरी ज़िन्दगी मैं तुम बेशकीमती किताबो सी,जब भी उसके पन्नों पलटता हूँ, उसमें मैं हमारे खूबसूरत सफर की एक कहानी पता हूँ।

दूसरा हिस्सा ए इज़हार

उसकी हुस्न की क्या बात करु,

अब तो अप्सरा भी उससे मात खाती है,

अब हमे दुनियाँ में कोई भी नाज़नीं उनसे खूबसूरत लगती ही
नहीं है,

और है भी नहीं ज़िक्र उनकी आँखों का जब भी आता है,

वक़्त पर लिखी किताबों के पार जाके भी जैसे कोई वक़्त थम
जाता है,

उसकी आंखें उसकी खूबसूरती की हर ज़ज़बात बयां करती है,

आँखें नहीं वो नशा हैं शबाब का, शमा है हर परवाबे की आग
का,

बस जीभर जो देखले किसी को तो दीवाना करदे,खुद वो लड़की
नहीं खुदा की

इबादत से मिला फरिश्ता हैजैसे वो मेरे ज़िन्दगी में आया कोई
करिश्मा है।

मेरा विश्वास नहीं था,

किसी भी अंधविश्वास पर लेकिन बात जब भी उनकी आती है,

तो हर उस विश्वास में विश्वास सा होने लगता है,

जिस विश्वास में, तुम्हारे होने की बात हो, चाहे फिर वो क्यों न,

नासमझी भरा सा मेरा वो अंदाज़ हो,

फिर भले किसी पैमानों के परे वो बात हो,

बस तुम्हारे साथ होने के एहसास से,

सब जायज़ हो जाता है, वो विश्वास भी,

जिस तक मैं कभी पहुँचता भी नहीं,

अगर तुम नहींहोती तो, ये महसूस होता ही नहीं,

किसी का होना ज़िंदगी में इतना खास हो सकता है,

कि वो आपकी मान्यता ही बदल दे,

उन विश्वास को भी मानने पर मजबूर कर दे,

जिसे आप अभी तक अन्धविश्वास मानते थे,

क्योंकि वो शख्स आपकी ज़िन्दगी की सारी मान्यताओ के

ऊपर होता,

सारे बंधनों के पार होता है।

तुम्हारी मुस्कान से क़ीमती,

अब लगता नहीं मुझे कुछ,

तुम्हारा ख़ुश होना जैसे जन्नत,

 तुम्हारी नाराज़गी जहन्नुम की तपिश में झुलसता मैं,

सच कहूँ तो हँसी तुम्हारी ऐसी है, कईयों की हस्ती खत्म करदें,

और हर जगह बस तेरी ही हस्ती दिखे ,

तुझे हँसते हुए सुन लू या देख लू

तो ऐसा लगता है,

जैसे आज अपने खुदा की इबादत करदी,उसे खुश करने की
एक कोशिश में एक इज़ाफा किया है, जैसे कि हर मंदिर,
मस्जिद, गुरुद्वारे का मैंने सजदा किया,

वक़्त जो तुम्हारे साथ बिताया है,

उसका ज़िक्र भी आसान नहीं होता है,

अल्फ़ाज़ों के पन्नों में न कैद किया जाने जैसा कोई एहसास है,

पर कोशिश तुमसे कहने की करना भीबड़ा ही ख़ास होता है,

दुबारा उस लम्हें को तुम्हारे साथ जीने की बात ही कुछ और
होती है,

उन बीते हुए पल को जो तुम्हारे साथ बीताऐ हों,

उन्हें तुमसे कह कर फिर से ताज़ा कर ठहरना फिर से,

उन्हें महसूस करना और भी जबरदस्त सी एक दास्तान है,

तुम्हारे साथ उस पर बात करना तुम्हारे साथ उन्हें और बेहतर
तरीके से जीना है, कुछ उस सफ़र जैसा है, जिस पर हम साथ
चल रहें हो,

और तुम मुझे बता रही हो इस सफ़र के होने की क़ीमत क्या है।

बड़ा इंतज़ार था उनके पैग़ाम का आज हमें,

 आलम बड़ा बेचैनी भरा था हमारा,

जब वो आया पैग़ाम उनका तो चहरे पर मुस्कान तो थी,

पर वक्त भी कम्बख्त इतना तेज़ भागता ही चला गया,

और लगा की जैसे चंद मिनटों में उन्होंने जाने की बात करदी हो,

एक मुलाकात अधूरी रह गई हो उनसे बात की,

आज उनकी हँसी से गुफ्तगू की,

आज बस याद करके ही काम चलाया है,

वो उनकी चहक से महक जाता है,

मेरा समा उसने भी आज उसके ख़्याल से ही काम चलाया है,

आवाज़ भी बड़ा सुकून देती है,उनकी हमें,

पर आज उसे भी अपनी कल्पना में सुन काम चलाया है,

बड़ा इंतज़ार था हमें उनका आज,पर आज हमारें हिस्से में सिर्फ इंतज़ार आया है।

दस्तक मेरे दिल में तुम्हारी जाने के बाद भी रहती है,

सिलसिला भी तुम्हारी आहट का ख़त्म नहीं होता है,

तुम्हारा कुछ वक़्त के लिए भी जाना भी जाना नहीं होता है

क्योंकि मेरा हर वक़्त तुम्हारी मौजूदगी के एहसासमें गुज़ारा है,

तुमसे दूर होकर भी तुम्हें क़रीब, मैं अपने पाता हूँ,

तुम्हें मैं हर वक्त महसूस कर रहा हूँ,

जैसे कि तुम हवा हो और मैं पेड़ की टहनी,

तुम मुझे छूकर गुज़ारती हो, मैं खिल उठता हूँ,

जब तुम हवा बन गुज़ारती हो ऐसा लगता है,

उस टहनी की भी कई सूखी पत्तीयों ने भी हरियाली को पा लिया हो,

कुछ यही हाल मेरा है, तुम नहीं होती हो, तभी होती हो, जैसे अभी," consciously writing but unconsciously missing you"

तुम मेरे लम्हो में सिमटा कुछ पन्नों का किस्सा नहीं,

तुम क़िताब हो मेरी पूरी ज़िन्दगी की,

जिसका हर पन्ना तुम्हारे ज़िक्र से भरा होगा,

तुम्हारे साथ बिताए लम्हो से भरा होगा,

हमारे एक दूसरे के साथ हँसी ठीठोली से भरा होगा,

इश्क़ ए इबादत से भरा होगा,

आरज़ू ए तेरी तलब, हर पल मोहोब्बत से भरा होगा,

पूरी हर उस चाहत से होगा जहां,

मैं और तुम हर लम्हे में होंगे,

तुम्हारा हर दुःख तुम तक पहुंचने से पहले मेरा होगा,

हर तकलीफ तुमसे पहले मेरी होगी,

जब बात थोड़ी मुश्किल होगी,

तो एक-दूसरे केसाथ मिलकर हर दिक्कत हल होगी,हर लडाई

ज़िन्दगी बहुत छोटी होगी,हमारी ज़िंदगी कुछ ऐसी खूबसूरत

सी होगी।

अब हर ख्याब अधूरा है तुझ बिन,

हर सपना मेरा जुड़ा है, तुझसे, हर रात इबादत है तेरी,

हर सुबह मैं तेरे कलमें पढता हूँ

कलम से निकालती हर एक बूंद में भी बस अब

बात तेरी होती है,

मोहब्बत की हर प्याली में सूरत तेरी ही होती है,

जब पियूँ में घुट उसका हर घूट में जैसे तुझे छूने का एहसास,

क्योंकि अब ज़िन्दगी नहीं तेरे बिना मेरी कल्पनाऐं तक अधूरी

है,

ज़िंदगी जीने की अब क्या बात करुं जबकि अब

मेरी रूह तक तेरी है,

उसकी हर आरज़ू तू है अब उसे जुस्तुजू भी तेरी है

तुम्हारे साथ सफ़र ज़िन्दगी का जैसे समुद्र से मिले सीप के
मोतियों सा,

जो इश्क़ में जीना और ज़माने की एक मिसाल है,

ज़िन्दगी भी जी रही हो हर लम्हे को तराने में,

सोचना भी मुश्किल था, कि ऐसा भी एक समा होगा,

जिसमें कोई होगा तुझसा मेरे संग,

और सितारों से भी चमकता मेरा जहां होगा,

खुशहाली से भरा हुआ मेरा संसार होगा।

चाँदनी सी चंचल वो जब भी गुज़रती है पास से होकर,

क्षितिज पर जैसे इंद्र धनुष निकल आता है,

प्रकृति में जैसे नया एक करिश्मा हो जाता है,

कभी कभी लगता है, जैसे खुद चाँद ऊपर गया है,

सज़दे में उसके जैसे खुदा ने उसे बहुत खास बनाया है।

मोहब्बत इतनी हो गई है तुमसे,

की किताबों के परे अब हिसाब हो जाए,

अगर उसे लिखने की कोशिश भी की जाए तो पन्नों में भी वो

ना समिट पाए,

फिर चाहे वो बे-हिसाब पन्ने क्यों ना हो,

दुनियां के सारे पन्ने क्यों न हो,

जब भी लिखने की कोशिश की जाए,

मेरे इश्क़ की तेरे लिए हमेशा पन्नें कम होंगें लिखने के लिए,

दस्तान मेरे दिल की धड़कन कि, जब भी लिखने की कोशिश

की जायेगी,

ज़िक्र तू उसमें हमेशा अपना पाएगी,जब तक आखिरी साँस

मेरी आएगी तू खुद को उसमें हमेशा पाएगी।

तुमसे पहली मुलाकात करने से पहले भी एक बात थी,

बेताबी से भरी तुमसे मिलने से पहले की रात थी,

बेकारी बहुत थी तुमसे मिलने की मुझे,थोड़ा सा बेचैन भी था मैं,

छुपा कर सबसे रखी थी, जो किसी को दिख न जाए,

ऐसे सबसे ढ़की थी, इंतज़ार में उस दिन मेरी हर घड़ी थी,

तुमसे मिलने के अरमानी परिंदेभी बड़े उच्चे उड़ानों पर थे,

तुझे देखने को परवान पर थे तेरा हसीन लगना तो जायज़ भी था,

पर हम तो तेरी मोहब्बत में तेरे शहर के भी दीवाने हुए जा रहे थे।

एक हसीन सफ़र जिसमें तू हो हमसफ़र,

अब क्या मांगा जाए खुदा से सब कुछ है जो तुम हो,

तुझसे है मेरा जहांन, मेरी हर डगर,

सारे मंज़र पाऊँ में साथ तुम्हारे,

हर दम हर मंजिल, हर कामियाबी,

तेरे साथ पाना है, हर रस्म अब ज़िन्दगी की तेरे साथ निभाना
है,

मेरी जीत की वजह तुझे बनाना है,

इतना तुझे त-उर्म चाहना है,

कदम- कदम पर बस तेरा साथ निभाना है,

तेरी हँसी की वजह खुद को बनाना है,

कुछ इस तरह से पल - पल में तेरा संग बिताना है,

तेरे हाथ में हाथ रख कर कुछ इस तरह ज़िन्दगी के दामन में
तेरे हथेली सहलाना है,

आख़िरी लम्हें तक बस तेरे साथ जाना है,

बस यही इरादा है, तेरे साथ इसे हकीक़त बनाना है,

तेरे ख़्यालों से अलग अब मेरा पल भर भी नहीं है,

हर वक़्त तू मुझसे कहीं है, मेरे साथ हर घड़ी जैसे तू खड़ी है,

तू खूबसूरत इस दुनियां अब कुछ भी नही है,

आज भी मुझे तेरे साथ वो सारी मुलाकात याद है,

जैसे वो कल की ही बातहर मुलाकात का कुछ अलग सा एहसास,

जैसे क़ैद की हो दिल ने हर मुलाकात है,

तुझे देखा जिस -जिस रंग में वो रंग भी बहुत खास है,

उस रंग को कुछ खूबसूरत सा महसूस हुआ होगा,

जब तूने उसे अपने पहनावें में चुना होगा,

ख़ुश तो वो भी बहुत हुआ ही है,

मेरी आँखों ने कुछ ख़्वाब सजाए रखे है,

मेरी पलकों के नीचे कुछ आस की चिलमन रहती है,

तेरे साथ होने की चाह अब हर वक़्त जावान रहती है ,

तू क़रीब हो मेरे अब ये प्यास सी रहती है,

तेरे नज़दीक पहुँच तुझे महसूस करने की उम्मीद सी रहती है,

तेरी उंगलियों से मेरी उंगलियों की उलझने की चाह में मेरी हर रात गुज़रती है,

तुझे सामने बैठाल कर तुझे निहारु तेरे हर्फ़ ए अंदाज़

अपनी नज़रों में क़ैद कर यादों में उतारू,

तेरे साथ ज़िन्दगी के सारे लम्हे गुज़ारू,

हर सुबह की शुरूआत तुझसे हो,

शाम की चाय भी तेरे साथ, तू ही नहीं तेरा अक्स भी हो मेरे साथ

मेरी आँखों ने कुछ ख़्वाब सजाए रखे है मेरी पलकों के नीचे कुछ आस की चिलमन रहती है!

तेरे साथ बात कर गुज़ारी दोपहर भी मुझे बड़ी प्यारी होती है,

मेरी दोपहर,कुछ इस तरह गुज़रती है,

जैसे कि किसी लम्बे इन्तज़ार को उसका फल मिल गया है,

जैसे किसी कठिन सवाल को उसका हल मिल गया है,

मेरे आज को उसकी तालाश ख़त्म कर उसे उसका कल मिल

गया है,

मीलों चल मन चाही मंज़िल पता चल गया है,

हर एक मेरे उस एहसास में एक मोहब्बत के साज़ कोपैदा कर

देती है,

तुझसे बात मुझमें कुछ अलग रंग सा भर देती है,

शाम में तुमसे बात कुछ इस तरह होती है,

जैसे मछली की बैचनी बिन पानी के होती है,

ऐसा लगता है,जैसे मेरे रूह की ज़रूरत सी होती है,

हर एक मेरे उस एहसास में एक मोहब्बत के साज़ कोपैदा कर

देती है,

तुझसे बात मुझमें कुछ अलग रंग सा भर देती है,!

रात की तो बात और भी ख़ास होती है,

मेरे तेरे बीच में करीब होने के एहसास में नहीं कोई कमी सी

रहती है,

जब तु अपनी नींद भारी आवाज़ से जाने की भी बात कहती है,

तो ऐसा लगता है, शरबत में मिठास सी घुल रही है,

फिर रोकने के हर कोशिश में कुछ शरारत होती है

हर एक मेरे उस एहसास में एक मोहब्बत के साज़ कोपैदा कर देती है,

तुझसे बात मुझमें कुछ अलग रंग सा भर देती है,!

पहली नज़र तुमसे क्या मिली रूक सा गया था मैं,
जैसे कुछ थम सा गया मैं, वो तुम्हें देख कर ऐसा लगा कि कुछ
हो गया,

ऐसा लगा जैसे सब धीमा हो गया हो,सुना मैंने भी था, कि ऐसा
कुछ होता भी है, फिल्मों मे देखा भी था सब कुछ थमते हुए,
हवाओं को बहकते हुए है,

किसी की छुप्पी को कहते हुए उस दिन मैं चुप था, मन में एक
आवाज़ आ रही थी, क्या यही है, वो जिसकी कमी सता रही थी,
मेरे हर सवाल में बस तू ही तू नज़र आ

रही जैसे मेरी ज़िन्दगी अरमानों के नए दामन सजा रही थी
कुछ इस तरह तू धीमे से मेरी ज़िन्दगी का तू हिस्सा बनते जा
रही थी, पहली नज़र तुमसे क्या मिली रूक सा गया था मैं, जैसे
कुछ थम सा गया मैं ।

बिना ख्याब सजायें ज़िन्दगी के तेरे साथ तुझे कैसे जी लू मैं,

जब सोच लिया है तुझे अपना, तो कैसे तुझे सिर्फ आज की

सीमाओं में तूझे बांध लूं मैं, जब बाँध लिया है तुझे मैंने अपनी

ज़िंदगी की पूरी रसम में,

तो फिर कैसे उस रस्मों को तोड़ दूँ,

मैं वो शख़्स नहीं जो सिर्फ आज में जी कर मोहब्बत खत्म

करदूँ,

मैं वो शख़्स हूँ, की हर दिन ज़िन्दगी के हाथ में हाथ रख कर

बिताना चाहता हूँ,

मैं मोहब्बत दिनों की नहीं, जीवन की हर देहलीज़ पर कदम

तेरे साथ चाहता हूँ,

मैं आने जाने वाला इंसान नहीं मैं अपने हर ज़ज़्बात तुझ पर

कुर्बान चाहता हूँ,

तू बात करती है, इस जनम में क्या होगा फ़र्क सिर्फ इतना है,

मैं हर जनम तेरे साथ चाहता हूँ,

मैं तुम्हारे बारे में सोच कर कभी कभी खुद से बात कर लेता है,

तेरे तारीफों का ज़िक्र आते मुस्कान लंबो पर आ ही जाती है,

मुझे इश्क की दुनियां से मिलवा ही जाती है,

जहां पर न कोई रोक है, न कोई टोक,

बस तुम और मैं है, जहां पर सिर्फ तेरी हँसी से चहक है,

तेरी क़रीबी का एहसास है, तेरी वो खुशबू जो मुझे बहकाने के लिए काफी है,

वहीं पर तेरी आँखों में एकटक जी भर कर देखना, तुझे खुद के अंदर समा लेना, तेरे हाथो को अपने हाथों मे लेकर फिर तुझसे प्यार भरी बातें करना,

तेरे साथ चाँद,सितारें देखना तेरे नर्म हाथों की उगली पकड़कर ये कहना कि,

अरे ये वाला नहीं वो वाला तारा देखो, तुमसे कम खूबसूरत है, पर अपने ही जैसा एक सितारा देखो,

मैंने भी देखा है, एक संसार लोगो से भरा हुआ
भागती हुई ज़िंदगी की दौड़ में दुखों से सना हुआ

जहाँ पर किसी को फुर्सत नहीं है, वक़्त बीतने की एक दौड़ यही
सब कुछ दाव पर लगा कर कुछ पाने की वही मुझे एक शख़्स
मिलता है,
जो हर वक़्त खुशनुमा माहौल सा लगता है,
मुझे मेरी तकलीफ़ से दूर ले जाने
वाला एक खूबसूरत जगह सा लगता है,

वो शख़्स मुझे दुनियाँ में सबसे ख़ास लगता है,
मेरे सारे आरज़ू ए अरमान सा लगता है
अब मैंने तेरे साथ अपने सारे अरमान पिरोह रखे है,
हर मन्ज़र तेरे साथ सजाएँ रखें है,

मेरे हर सपने तुझसे ही होकर गुज़ाते है,
जैसे तू उनका ठीकाना है उनका जैसे कोई फ़साना है,
तुझसे ही बनता है, उनका हर एक अफ़साना है,
अब उनमें इतनी ताक़त बची नहीं है,

तेरे बगैर कोई ख़्वाब सज़ा ले,
खुद को मुक़म्मल कर सच बना ले,
जो अब मेरे हर सपने का सार तू है,

मेरा हर संसार तू है तो कैसे तुझसे ज़रूरी हम उनको बना ले,

कैसे तुझसे पहले हम उन्हें निभा ले,

अब मेरे हर ख़्वाव में मेरे ख़्याल में तू

मेरे एहसास में तू तुझसे परे नहीं है मेरा जहान सारा,

तू अब बस तू नहीं तू मेरी ज़िंदगी की हर कड़ी लगती है,

तेरे बिना मौजूदगी की हर घड़ी मुझे बे मतलब सी लगती है,

मैं ये नही कहता कि सपने नहीं देखूंगा मैं, या उन्हें पूरा नही

करना है मुझे पर अब जो भी होगा उसमें तेरा होना ज़रूरी है

मुझे,

आज तो बात मैंने सपनों में तेरे होने की,

तेरे बिना सपनों के पूरा होने पर भी अधूरे होने की,

तेरे बिना उनकी कोई कीमत ना होने की है,

तुझसे ज़िंदगी और मेरे ज़िंदगी की हर कामियाबी तुझसे बड़ी

ना होने की है,

कल ज़रूर तेरे सपनों में अपना मान कर उसे पूरा करने की बात

कहूंगा।

तेरा हर सपना अब मेरा होगा तेरे हर कोशिश में,

मैं तेरे साथ होऊँगा जब थक जाएगी तू कोशिशों से,

फिर मिल कर लड़ लेंगें, पूरा तेरी ख्याइशों हर जहांन होगा,

जब लगे को कोई खड़ा नहीं है,

तेरे साथ तेरी कोशिशों की थकान में तेरे साथ तो उस हर थकान को मैं अपना बना लूंगा, फिर तुझे मुस्कान की फुहार दूंगा

इस तरह फिर से सपनों की लड़ाई में तुझे नए पँख दूंगा,

ताकि तू छू सके आसमान सारा दिखा

दे इस दुनियां की करे तू कोशिश तो आकाश भी कम है,

तुझे पाने को ज़मीन क्या चीज़ है, नाप दे कामियाबी से तू दो जहानों को

कुछ इस तरह तेरा मुकाम पर तेरा नाम होगा ये जमाना क्या है, कदमों तेरी पूरी दुनियाँ और ये सारा जहांन होगा।

चेहरे पर शिकन न आ जाए कोशिश यही हर बार होती है,

डर जाता हूँ, मैं जब उसकी चहक अगर वो गुमसुम हो जाए तो,

मेरी बैचनी में रात गुज़रती है,

मेरी नींदों के ठिकाने भी लापता हो जाते है,

मेरी ख़ुशी में हर ख़ुशी उसके चहरे की मुस्कान से होती है,

उसकी वो चहक मेरे लिए महक है उसकी होने कि,

भले उस मुस्कान को पाने में करदूँ मैं कुर्बानी अपनी हँसी के

पल ए खुदा कुछ करदे ऐसा इंतज़ाम मेरी हँसी को भी

करदे उसके नाम,

बस हँसती रहे वो, सुनाता रहूँ,

मैं उसे हर वक्त बस उसी अंदाज़ में जैसे सदियों में बना हुआ

कोई नायाब हीरा की

चमक बस कुछ ऐसा ही है,

उसका भी मिज़ाज़ की ख़ासजैसे मेरी ज़िंदगी की महफ़िल

मेंहताब बस इतनी ज़रूरी चहक की मेरी प्यास,चेहरे पर

शिकन न आ जाए कोशिश यही हर बार होती है।

तारीफ ए रुकसार तेरी क्या करू,

अब इश्क़ ए इबादत क्या करूँ,

अब तेरे आतें रोशनी से जगमगता मेरा दिल का घर हो गया,

जब से मोहब्बत की है,

तुझसे, जैसे तेरे अंजान ए शहर में भी मेरा घर हो गया,

 लगता एक शहर और मेरा हो गया,

आज भी उस शहर की गलियां याद है,

मुझे जहां पर तेरे दामन की महक को सोच कर उस शहर को

भी याद कर लेता हूँ,

सोच लेता हूँ वो शहर भी कितना खुशकिस्मत है,

जो रोज़ तेरे आंचल को देख कर खुशी से झूमता होगा,

खुश होकर कहता होगा, एक तेरा होना भी शान है मेरी,

दौलत ए ईमान मेरी, मुकदर यही जान है मेरी,तू ही गुलमोहर

ए गुलिस्तान है,

शहर का,ये सब बात जब वो,

खुद से कहता होगा तो वो भी रब से शुक्र माना कर कलमें

पढ़ता होगा,

बस यही याद कर उस शहर की खूबसूरती सोच लेता हूँ,

मैं तेरे शहर से भी तुझे याद कर मोहब्बत कर लेता हूँ।

आज बड़ा इन्तज़ार था कि शायद मान लेगी

 बात आज वो मेरी, किसी बहस में अटक बगैर

पर आज भी शायद मेरी कोशिश का पुलिंदा कम था

आज एक बात जो और चुभें जा रहे है,की शिकायत

उन्हें एक- दूसरे को देख कर कॉल पर बात करने से नहीं है,

लगता है की बात हमसे ही कुछ इस तरह बात करने से है,

बात कुछ ऐसी है, की उन्हें देखने का अरमान शायद हमारा ही

है,

चलो कोई न आज एक ये बात भी ठीक हुई कि ग़लत फैमी ही

सही दूर तो हुई,

इनकी इबादत हमारे लिए कुछ ऐसी है, की हम तो उनसे सोते

में भी बात कर लेते है,अपने हाल ए दिल कह लेते है, आज भी

कोई शिकायत नहीं है,

ये तो बस दिल की बात पन्नो तक कही है,

नही तो बात तो कुछ ऐसा है, कि मोहब्बत ए इश्क का हाल क्या

बायां करें अपना, अब तो मेहताब से रात खत्म होकर आफताब

के नूर तक कब उसके ख्यालो में निकल जाता है पता ही नही

चलता है,

मेरी नासाज़ कैफ़ियत भी बदल जाती है,

जब बात उसकी आती है, उसकी आवाज़ से हर थकान दूर हो जाती है,

ज़िन्दगी का हर पल गुलज़ार हो जाता है,

जो चेहरा उसका नज़र आता है

यूँ नीलम सी ख़ूबसूरत उसकी आँखें अपनी बदमाशी के रंग बिखरती हुई,

समा को भी अपने आग़ोश में भरले यूँ उसके भी मिज़ाज बदल दें,

वो चाहे तो थाम कर कह दें, वक़्त को भी आगे भागता कहाँ है,

अभी तो बहुत सी बात बाकी है, उसकी आवाज़ में जब वो कह दे,

शब्दों की सलाई मेंअपनी बातों को धागे में बुन कर,

तो सदियों से ज़मी हुई हिमालय की चोटी पर भी बर्फ पिछल जाए,

उसे इतना खूब बनाया है, मेरे खुदा ने की अब फरिश्तों की भी मुलाकात ए फेहरिस्त लंबी है, आम की शख़िशयत की बात ही क्या की जाए।

तीसरा हिस्सा ए इज़हार

एक डर हमेशा रहता है,

 की कहीं तुझे ख़फ़ा न करदूँ,

के तुझे ख़ुदसे रुसवा न करदूँ,

मुझसे ये तेरी नाराज़गी झेली नहीं जाती क्या करू,

तेरे जो रूठे हुए लबों को मुस्कान से भरदूं,

सिलसिला ये सदा के लिए अमर करदूं,

जहाँ सिर्फ तू हँसी से अपने आचंल को भर कर थामें ओठों पर

बस अपनी मुस्करान को, कुछ हो जाए ऐसा जादू, या मिल

जाए गीन परे करदूँ में सारी हसरतों अपनी बस कह दूं की करदे

मेरा काम यही उसे ख़ुश रख सकूंसदा करदें मेरा

इंतज़ाम यही, यही मेरी आरज़ू ए इश्क़ है, यही मेरी ख़ुशी सबसे

बड़ी है।

अब तो ये सोचता कि हर सुबह तेरे साथ हो,

वो तेरे बालो को खुदकी बाहों में फैले देख सकूं,

तेरे गालों की खुबसूरती को छूकर महसूस करूं,

उसे भी अपने लबों से छुआ जा सकें,

तुझे ख़ुद में इतना बसा लूँ,

की जब मैं सुबह तुझसे दूर भी जाऊँ,

तो तेरी ख़ूशबू से मैं महक उठूं,

बेशक दूर तुझसे मैं दिन भर रहूँ,

पर तेरी खुशबू खुद के साथ लिए घूमना चाहता हूं,

अब मैं तुझे हर रोज़ खुदके इतना क़रीब चाहता हूं,

रात में तुझे कसकर पकड़ कर सोना चाहता हूँ,

मैं पास तुझे में हर रात इतना चाहता हूँ,

कि हवाओं की भी कोशिश से फैसलों की जगह न बचे

ऐसी खुबसूरत तेरे साथ,

मैं पूरी ज़िंदगी बिताना मैं तेरे साथ चाहता हूँ,

अब मैं तुझे हर रोज़ खुदके इतना क़रीब चाहता हूं!

आओ कुछ देर मुखालफ़त ज़माने की हो जाए,आओ एक दूसरे का हाथ पकड़कर इश्क़ के समुंदर,गोते लगाए, देख कर वहाँ हमें रश्क में जल जाएमेहताब भी, आओ मोहब्बत हर हद के पार करते है,

एक दूसरे में डूब जाए हम दिल लगी, बेहद इस बार करते है, खुद को रोके बिना इस इश्क़ का जहान गुलज़ार करते है, बस तुम खो जाओ मुझ में खो जाऊं तुम मैं,

बस कुछ इस तरह दिल ए इज़्हार करते है,मोहब्बत करें बस इतना काम करते है,शर्म के पार कर एक -दूसरे के होने का ऐलान करते है,आओ बस हाथ पकड़ लो मेरा, हर रास्ता हर मन्ज़िल एक दूजेके नाम करते है

आओ फिर कुछ इस तरह से प्यार करते है।

मोहब्बत करले हम कुछ इस तरह कि कभी किसी ने की न हो,

टूट कर बिखर जाए बाहो में कुछ इस तरह की भूल जाए फर्क

तेरी - मेरी बाहों का, इतना खो जाए,

एक - दूसरे में की तू या मैं की शर्म भूल कर हम हो जाए,

क़रीब हो हम इतने की तेरे मेरे जिस्म का फर्क मिट जाए,

महसूस कुछ इस तरह करले एक दूसरे को,

तेरा हर दर्द मेरा हो जाए और मेरा दर्द तू समझ पाए,

इश्क़ अब ऐसा कर लिया जाए कि सारे हाय के पर्दे अब ख़त्म

हो जाए,

कुछ इस हर प्यार करले मेरी हर हाँ तेरी हाँ हो,

और मेरी तेरी हाँ मेरी हां कुछ इस क़दर मैं से हम हो जाए,

ज़ुबान में कुछ नए अलफ़ाज़ जुटाए अब बात कुछ माशूक़ ए
अंदाज़ हो जाए,आशिक़ दिल ए हालात बताए,ऐसे शब्दों की
नाव में बैठ कर अपने ज़ज़्बात बताऐ,

कुछ तुम कहों कुछ हम कहे,हमारे नई वो ज़ुबान हो जाए,
तेरी मेरे अल्फाज़ मिसाल बन जाए,

यूँ कुछ खास अल्फाज़ों से पुकारा जाए एक दूसरे,
कुछ ऐसा नया हर्फ़ ए आग़ाज़ हो जाए,

कभी तू भी बिखेर दे इश्क के अल्फाज़ो को,
अब क्यों ये रूकावट का काम किया जाए,

तो फिर चलो निभाई जाए मोहब्बत फिर क्यों ये चुप्पी में या
रोक कर खुद को अब क्यों मोहब्बत की जाए।

इश्क़ के दस्तूर में मोहब्बत तुमसे कुछ इतनी है,

कि बयां करने जाऊं तो अनगिनत तारों की गिनतीं भी कम पड़ जाए,

पर मोहब्बत ए इश्क़ तुमसे मैं बयां न कर पाऊँ,

हमारा मिलना साज़िश लगती है,

नियति कि जैसे उसने तय कर रखा था,

 हमारा मिलना और बस मौके की तलाश में थी,

 एक बार मिल जाए और हम दोनों को मिला दें,

हर कोशिश उनसे उस पाक़ ढंग से कि,

जैसे मानों खुदा ने अपनी ख्वाईश भी हमारा मिलना ही माना था,

हर किस्साअपनी क़िस्मत की किताब में पहले ही लिख रखा हो,

इश्क़ के दस्तूर में मोहब्बत तुमसे कुछ इतनी है,

कि बयां करने जाऊं तो अनगिनत तारों की गिनतीं भी कम पड़ जाए

मोहब्बत के हर शब्द में तुमको ही पाता हूँ,

जब मुझे दिखता है,

लिखा हुआ मोहब्बत ज़ेहन को नज़र तुम ही आती हो,

जैसे वो शब्द नही है, वो मेरे बस तुम्हारा होना है,

जैसे तेरे किरदार से रूबरू होना है,

 मेरे हर ज़ज़्बात का तुझसे मिलना है,

वो अल्फाज़ का दुनियाँ में मेरे लिए तुझसे होना है तेरा होना है,

देखकर उस शब्द को भी तेरे ख्यालो में खोना है,

जैसे हर कहानी कविता का कोई सार होना है,

उसमें चुने हुए शब्दों के मायने होते है

अधूरी हर किस्से को पूरा करते है, वैसे तेरा मेरी ज़िंदगी मेहोना है,

वैसे इस शब्द का तुझसे पूरा होना है।

ज़बान से इश्क़ अब क्या बयां किया जाए,

अब तो रूह भी तेरी है,

उसमें आती अब महकभी तेरी है,

तेरे बिन जैसे बे-आबरू सी होती है,

ऐसी तू उसकी आबरू को ज़रूरी है,

बेश क़ीमती तू हीरों से भी ज़्यादा कुछ इस क़दर क़ीमत है तेरी
मुझे ,

अधूरा है, सब कुछ होकर भी मेरे जहान में कुछ ऐसी तू मुझको
ज़रूरी है, जब बात आए तुझे चुनने कीतो हर कामियाबी कि
क़ीमत भी तेरे बदले हो,तो कुर्बान करदूँ, मेरे सारे आयाम तुझ
पर ही आकरखत्म होते है,

क्योंकि अब हर खुशी तुझसे जो मेरी है,

अब इतनी तू ज़रूरी है, हर सपना मेरा तुझसे ही है,

आज फिर ये बात दोहराता हूँ,

मैं हर सफलता के पैमानों तक तेरा हाथ पकड़ ही साथ जाना
चाहता हूँ,

क़ीमत कितनी भी हो उसकी अदा करने को तैयार हूँ,

मेहनत कितनी भी करनी पड़े रिश्ते पर करने को तैयार हूं,

क़ीमत अगर मेरी नींद तेरे साथ वक्त गुज़रे की है

तो उसे भी कुर्बान करने को तैयार हूँ, मेरे हर पल पर नाम हो

तेरा बस

उनके लिए हर कोशिश करूँगा ये बात एक दिन की नहीं मैं ज़िन्दगीभर कहूँगा,

अब तुम कहती हो, की ये बात औरों को भी बताओ, अब ये बताओ,

इतना आसान होता तुम्हारा तुम और मेरा मैं होकर हम हो जाना हो पाना,

तो बात ही क्या थी, हमारी ज़रूरत ही क्या थी और सच कहूँ तो फिर क़ीमत ही क्या थी,

तो आसान नहीं है, इस दुनियां में हम जैसा मोहोब्बत का सजदा कर पाना उसके लिए भी एक क़ीमत अदा करनी होती है,जब तक हम इस जहान है कोई और वो क़ीमत अदा करदें ये खाक ही मुमकिन है,क्योंकि हम दोनों का होना ही एक खासियत है, क़ायनात में,

और मिलान ख़ुदा की रहमत अब किसी दूसरे को समझने की ज़हमत उठाना, फिज़ूल है, क्योंकि रहमत हर किसी पर नहीं होती है,

जब से तू मुझे मिली है, अल्फाजों के परे ज़िन्दगी,

खुशनुमा कुछ ऐसी हो गई है,

जैसे मुझ पर मेहरबान ज़िन्दगी है,

कुछ अरमानों से सजी हुई मेरी ज़िंदगी है,

आज- कल लगता है,

जैसे कुछ खुदा की मेहर सी, ज़िंदगी है,

जब से तू दिल की दहलीज़ पर आकर खड़ी हुई है,

लगता है उसके भी दरवाज़े की क़िस्मत खुल गई है,

ख़ुशी के पल -पल से भर गई मेरी ज़िन्दगी है,

इश्क़ ए मिज़ाज़ में चलती कुछ ज़िन्दगी है,

जबसे मोहब्बत तुझसे क्या हुई बेरंग सी ज़िन्दगी रंगीन हो गई है,

सच कहूँ तो कुछ और नहीं तू ही मेरी ज़िन्दगी है।

 अब तो ये तय किया जाए कि साथ रहना एक- दूसरे के
ज़िन्दगी भर,

सवालों के परे ये जहांन में एक दूसरे का साथ मुकम्बल किया
जाए,

ज़िंदगी के हर दिन के लिए किया जाए,
तेरी - मेरी साथ को ज़िन्दगी के हर आयाम तक तय किया
जाए,

न कि कुछ अगर मगर में इसे उलझकर, कमज़ोर किया जाए,
बिना शर्त क्यों न टूट कर एक - दूसरे से मोहब्बत की जाए,
फिर ज़िन्दगी का हर दिन एक दूसरे के नाम लिख दिया जाए,
मैने अब तुझे मान लिया है,

अपना सब कुछ क्यों न अब तू मुझे पूरी तरह से अपनाऐ
अपना बनाये,

जब मैंने मान लिया तुझे अपना जीवन साथी,
तो फिर तू क्यों सवालों के इस पर दाग़ लगाए क्यों न अगर
मगर के इसे अब परे कर दिया जाएक्यों न तू भी अब मुझे
अपना जीवन का साथी बनाऐ।

मान लिया है तुझे अपना सब कुछ,

बिना किसी सिन्दूरी टीके को भरे तेरी मांग में,

बिना मंगल सूत्र को तेरे गले में सजाये, बिना तेरी हल्दी ,

बिना मेंहदी बिना किसी शादी की रस्म निभायें,

पर मैं ये जानता हूँ, ये रस्म एक दूसरे का होने के लिए ज़रूरी है,

ये समाज की कुछ बन्दिशें है, ताकि समाज को बनाया जा सके,

ये शख्स अब मेरा है, पर सच तो ये है कि रिश्ते बनते है,

मन से और मन की स्वीकृति दिल से दिल की कसमों से बनते

है,

फेरे तो सिर्फ एक ज़रिया है, सामाजिक व्यवस्था को चलाने का

पर असल मंज़ूरी तो खुद के मन से होती है,दिल के मिलन से

होती है,

इस दिल की यही हक़ीक़त है, कि तू मेरी ज़िन्दगी भर हमसफर

है

 तू ही मेरी जीवनसाथी है, तू ही संगिनी है,

मैंने कर लिया है तय अब तो तू भी रज़ा दे खत्म कर ये

इन्तज़ार का आलम अब तो हर घडी तू अपनी मेरे नाम करदें,

एहतराम तू इतना इकरारए इज़हार करले,

अब कहदे तू भी तुम ही मेरे हर सफ़र के साथी तुम ही ज़िन्दगी हो,बिना फेरे तू ही हो मेरे अब फिर तुम ही हो,अब तुम्हारे हर दिन मेरे और मेरे हर दिन तेरे।

आज-कल मुझमें मैं कहाँ रहता हूँ,
आज कल तो मुझमें भी तुम ही जो रहती हो,

आज कल कुछ और भी खास है मुझमें, तेरे पल-पल मेरे होने
का एहसास,
तेरे छुअन तेरी क़रीबी को महसूस कर तुझे मुझसे दूर न रह
पाने की प्यास है।

आज- कल मुझमें...............

वैसे एक खास बात और है, वो मुलाकात डांस फ्लोर के पास
वैसे तो हर मुलाकात के किस्से मैंने हमारी साथ वाली ज़िन्दगी
की डायरी में लिखें है, और आगे भी

लिखते ही चलता रहूंगा पर इसमें कुछ खास बात और भी है,
तुम्हारे होंठों के मुलायम होने के सिवाय, उसमें एक दूसरे के
कान में धीरे- धीरे कहना के वक्त यू तेरे ख़ूशबू

का मुझ तक पहुचना आज भी याद है, और तेरे साथ हर लम्हा
हर वक्त ऐसे है, जैसे आज भी वो वक्त चल रहा हो, मेरे नज़रों
के समाने ......

एक खास बात.......!

तुमसे खूबसूरत लाल रंग में कोई और नहीं लगता इस दुनियां
मुझे है।

हाँ, उस दिन भी तुम क़माल लग रही थी।

कैसे बताऊं की तुम्हें मैं,कितना प्यार करता हूँ,
अल्फाज़ों में बयान नहीं कर सकता इतना प्यार करता हूँ,

रोज़ टुकड़ो में कोशिश कर इज़हार करता हूँ तुमसे,
फिर भी उसका एक ज़र्रा भी बयां नहीं कर पता हूँ,

कैसे बताऊं की तुम्हें मैं,कितना प्यार करता हूँ,
अल्फाज़ों में बयान नहीं कर सकता इतना प्यार करता हूँ,

अब एक खास बात का जिक्र तुमसे करता हूँ अपने शब्दों में,
खरगोश जो तुझे मज़ाक़ में कहा आज तुझे उसी शब्द मैं बयान
ए करता

बहुत मैं ये बयान करता हूँ, सब अब तेरे इश्क़ का साजदा करता
हूँ

इबादत में तेरी अब मैं ख़ुदको कुर्बान करता हूँ।